ulmer



Anja Donnermeyer

# FINGERFOOD GLUTENFREI

50 Party-Rezepte - ganz ohne Mehl

# Inhalt

Selbstgemachte Häppchen aus Ofen und Pfanne schmecken einfach immer herrlich. Bei der Vielzahl an Köstlichkeiten haben wir die Qual der Wahl: Kartoffelbruschetta, Quarkpiccolini, Reibeplätzchen im Kleinformat mit Dip, Flammküchlein, Kartoffelmuffins oder doch lieber Mini-Pizzen, die sich immer wieder neu variieren lassen? Hier ist für jeden Geschmack etwas dabei.

## 27 Mini-Burger & Burger-Patties

Kleine Mini-Burger sind raffiniert und machen als Trendfood in den verschiedensten Varianten richtig was her am Buffet: Mit Mandelbun, im Babybel- oder Champignonkleid, als Haferflockenburger, Pattyburger oder auch mal vegetarisch. In Miniatur perfekt für alle, die sich nicht für eine Version entscheiden können.

## 43 Aufgerollt

Diese Köstlichkeiten wickeln uns schnell ein und sind mal eben im Vorbeigehen weggeschlemmt! Portionsweise angerichtete Crêpes, Wraps, Zucchinirollen, eingerollte Gemüsesticks, Käseröllchen mit selbstgemachtem Rucolapesto oder Reispapierröllchen. Roll it up!

## 59 Aufgespießt

Hier findet jeder einen Lieblingsspieß! Ob deftig oder mit Obst, Wassermelonen-Feta-Spieß mit selbstgemachtem Basilikumpesto, klassische Capresespieße, würzige Camembertspieße oder doch lieber Mini-Hot-Dogs? Sie schmecken nicht nur lecker, auch die Zubereitung macht Spaß! Stück für Stück aus unterschiedlichsten Zutaten zusammengesetzt, sind diese feierfreudigen Spieße immer wieder neu kombinierbar!

## 73 Gefüllte & gedippte Köstlichkeiten

Langweiliges Obst und Gemüse werden als gefüllte oder gedippte Köstlichkeiten in eine neue Dimension gebeamt. Ob Chicoréeschiffchen, Kichererbsenbällchen mit tollen Dips, Frischkäse-Foodpops, gefüllter Camembert oder überbackene Nachos: Hier finden wir für jede Gelegenheit und Jahreszeit immer wieder neue Lieblingssnacks!

# Vorwort

Immer mehr Menschen entscheiden sich aus den unterschiedlichsten Gründen für eine glutenfreie, weizenfreie, mehlreduzierte oder ähnliche Ernährungsweise. Diese Ernährungsformen boomen und das Angebot an entsprechenden Produkten ist in den vergangenen Jahren enorm gestiegen.
Wie schon in den anderen Büchern aus der Reihe „Backen ohne Mehl" bedeutet auch in diesem Buch die Bezeichnung „Backen ohne Mehl" gleichzeitig Backen ohne Gluten.

In meiner Familie ist vor etlichen Jahren bei zwei Familienmitgliedern Zöliakie diagnostiziert worden, weshalb eine konsequente glutenfreie Ernährung notwendig ist. Alle Rezepte sind daher grundsätzlich auch für Zöliakie-Betroffene geeignet. Wichtig ist, dass bei einer glutenfreien Ernährung immer jede einzelne Zutat auf Glutenfreiheit geprüft wird und auch die Zubereitung glutenfrei erfolgen muss.

Auch wenn es einfacher geworden ist, glutenfreie Diätprodukte im Handel zu erhalten, ist es für Betroffene im Alltag noch immer üblich, sich bei Einladungen oder unterwegs selbst versorgen zu müssen. Aber was mitnehmen? Und dann erst die große Frage, wenn man selbst einlädt: Für die Gäste glutenhaltige Häppchen anbieten und für den Gastgeber wie immer ein extra Essen? Viel schöner ist es doch, auf dem eigenen Fest nicht verzichten zu müssen und unbeschwert mit allen das Gleiche genießen zu können.

Und was anbieten für „zwischendurch"? Als Kleinigkeit, die weder glutenhaltig sein noch aus einer Tüte Süßigkeiten bestehen soll? Welche glutenfreien Leckereien als Alternative zu klassischen glutenhaltigen Häppchen anbieten?

Die Lösung: Fingerfood! Fingerfood ist ein Allrounder. Köstlichkeiten in kleinen Portionen. Herrlich kommunikativ. Sie landen als ein Happen im Mund, kein langes Vor-dem-Teller-Sitzen und Kauen. Sie bringen zwanglose Atmosphäre, keine feste Tischordnung ist nötig. Genau das Richtige für Essen in lockerem Ambiente, bei einer Party, einem Empfang, einem netten Zusammentreffen. Oder auch einfach mal so, weil sie so niedlich und köstlich sind.

Wir verzichten bei uns im Haushalt nicht auf (glutenfreies) Mehl und entsprechende Produkte. Aber wir bereichern das Angebot gerne durch mehlfreie, kreative Vielfalt. Die Zutaten sind unkompliziert, oftmals von Natur aus glutenfrei, im Supermarkt erhältlich und nicht so teuer wie glutenfreie Spezialmehle. Perfekt, um sie auch einer größeren Anzahl an Gästen anzubieten. Glutenfreie Ernährung kann ganz unkompliziert, bunt und vielfältig sein! Alles soll einfach herzustellen sein, lecker schmecken, hübsch aussehen und Freude machen. Genuss statt Verzicht! So ist diese Sammlung an mehlfreiem Fingerfood entstanden: Ob Mini-Pizza, Mini-Burgervarianten, Röllchen, leckere Spieße, gefüllte oder gedippte Köstlichkeiten, süße oder herzhafte Häppchen oder Fingerfood im Glas: Hier ist für jede Gelegenheit etwas dabei und das nächste Fest kann kommen.

Ich wünsche Ihnen mit diesem Buch viel Freude!

Anja Donnermeyer

# Minipizzen & herzhafte Häppchen

**TIPP:** Der Haferflockenboden ist sehr vielseitig einsetzbar. Probieren Sie den Boden auch als Grundlage für Flammküchlein (Rezept siehe Seite 13) oder Burgerbuns (Rezept siehe Seite 35).

# Minipizza auf Haferflocken-Quarkboden

Ein echtes Multitalent

**Für ca. 15 Stück**

**Boden:**

- 250 g Quark
- 200 g glutenfreie Haferflocken
- 2 TL Backpulver
- 3 EL Olivenöl

**Belag:**

- 1 Zweig Majoran (alternativ gerebelter Majoran)
- 60 ml passierte Tomaten
- 1 TL Olivenöl
- Salz
- frisch gemahlener Pfeffer
- 200 g Tomaten
- 100 g Mozzarella
- 15 kleine Blätter Basilikum

- Den Backofen auf 180 °C Umluft (200 °C Ober-/Unterhitze) vorheizen. Quark, Haferflocken, Backpulver und Olivenöl in eine Schüssel geben und mit den Händen verkneten.
- Daraus kleine Pizzaböden (ca. 6 cm Ø) formen. Dazu den Teig portionsweise zu kleinen Kugeln formen, mit dem Handballen flach drücken und auf ein mit Backpapier ausgelegtes Backblech legen. Anschließend ca. 10 Minuten im vorgeheizten Backofen vorbacken.
- Währenddessen die Tomatensauce vorbereiten. Dafür den Majoran waschen und klein schneiden. Die passierten Tomaten mit 1 TL Olivenöl und den Gewürzen verrühren und jeweils ca. 1 TL auf die vorgebackenen Pizzaböden verteilen.
- Tomaten waschen und würfeln, Mozzarella würfeln. Die Pizzen damit belegen und erneut ca. 8 Minuten in den Backofen geben.
- Die Basilikumblätter waschen und die Pizzen vor dem Servieren damit garnieren.

**VARIANTE:** Träufeln Sie vor dem Servieren etwas Basilikumpesto auf die Pizzen. Sie möchten das Pesto selbst herstellen? Ein Rezept finden Sie auf Seite 61.

- Zubereitungszeit: 30 Minuten
- Backzeit: 20 Minuten

# Mini-Flammküchlein

## Klein, aber fein

**Für ca. 15 Stück**

| |
|---|
| 250 g Quark |
| 200 g glutenfreie Haferflocken |
| 2 TL Backpulver |
| 3 EL Olivenöl |
| 2 Frühlingszwiebeln |
| 100 g Mozzarella |
| 100 g Crème fraîche |
| 75 g Schinkenwürfel |

- Den Backofen auf 180 °C Umluft (200 °C Ober-/Unterhitze) vorheizen. Quark, Haferflocken, Backpulver und Öl in eine Schüssel geben und mit den Händen zu einem Teig verkneten.
- Daraus kleine runde Böden (ca. 6 cm Ø) formen. Dazu den Teig portionsweise zu kleinen Kugeln formen, mit dem Handballen flach drücken und auf ein mit Backpapier ausgelegtes Backblech legen. Anschließend ca. 10 Minuten im vorgeheizten Backofen vorbacken.
- Die Frühlingszwiebeln waschen und in dünne Ringe schneiden. Den Mozzarella in kleine Würfel schneiden.
- Die vorgebackenen Böden großzügig mit Crème fraîche bestreichen, mit Schinkenwürfeln und Frühlingszwiebelröllchen belegen, anschließend mit Käse bestreuen und erneut ca. 8 Minuten in den vorgeheizten Backofen geben.

- Zubereitungszeit: 25 Minuten
- Backzeit: 20 Minuten

# Auberginen-Minipizza

## Eine Low-carb-Variante

**Für ca. 8 Stück**

- 1 Aubergine
- 2 Zweige Majoran
- 1 Zweig Oregano
- 4 TL Tomatenmark
- 1 TL Olivenöl
- Salz
- frisch gemahlener Pfeffer
- 50 g Mozzarella
- ½ Paprikaschote
- 3 EL Mais

- Den Backofen auf 180 °C Umluft (200 °C Ober-/Unterhitze) vorheizen. Die Aubergine waschen, in ca. 1 cm breite Scheiben schneiden und auf einem mit Backpapier ausgelegtem Backblech ca. 10 Minuten in den vorgeheizten Backofen geben.
- Währenddessen Majoran und Oregano waschen. 8 Majoranblätter zur Seite legen. Die restlichen Kräuterblätter klein hacken und mit Tomatenmark, Öl und den Gewürzen verrühren.
- Mozzarella in kleine Würfel schneiden. Paprika waschen, entkernen und ebenfalls fein würfeln.
- Die Tomatensauce nach der Backzeit auf die Auberginenscheiben streichen. Dann mit Paprika, Mozzarella und Mais belegen. Abschließend die Auberginenpizzen noch einmal 10 Minuten im Backofen fertig backen.
- Die Minipizzen mit den zur Seite gelegten Majoranblättern garnieren.

**VARIANTE:** Sie lieben Salami- oder Funghi-Pizza? Dann variieren Sie den Belag ganz nach Ihrem Geschmack.

- Zubereitungszeit: 25 Minuten
- Backzeit: 20 Minuten

# Kartoffelbruschetta

## Bruschetta mal ganz anders

**Für 10 Stück**

- 5 große Kartoffeln
- Salz
- 100 g Kräuter-Crème-fraîche
- 100 g Quark
- 50 g geriebener Käse (z. B. Gouda)
- frisch gemahlener Pfeffer
- etwas frische Petersilie und/oder Schnittlauchröllchen zum Garnieren

- Kartoffeln waschen und in Salzwasser garkochen. Anschließend halbieren, mit einem Teelöffel ein wenig aushöhlen.
- Den Backofen auf 180 °C Umluft (200 °C Ober-/Unterhitze) vorheizen. Crème fraîche mit Quark und geriebenem Käse verrühren. Dann mit Salz und Pfeffer abschmecken und die Masse in die Kartoffeln füllen. Anschließend ca. 15 Minuten in den vorgeheizten Backofen geben.
- Petersilie und Schnittlauch waschen. Petersilie in kleine Stücke zupfen, Schnittlauch in kleine Röllchen schneiden. Die Kartoffelbruschetta mit den frischen Kräutern garnieren.

**VARIANTE TOMATENBRUSCHETTA:** 2 Tomaten waschen, vierteln, entkernen und das Fruchtfleisch würfeln. 1 Frühlingszwiebel in kleine Ringe schneiden, beides mit Salz, Pfeffer, Oregano, 1 TL Olivenöl abschmecken und in die Kartoffeln füllen, jeweils mit etwas geriebenem Mozzarella bestreuen.

- Zubereitungszeit: 15 Minuten
- Backzeit: 15 Minuten

# Pizzabrötchen

Blitzrezept, ideal auch für spontane Gäste

**Für 16 Stück**

- 1 rote Paprika
- 200 g Crème fraîche
- 200 g Kräuter-Crème fraîche
- 200 g geriebener Mozzarella
- 8 glutenfreie Aufbackbrötchen

- Den Backofen auf 180 °C Umluft (200 °C Ober-/Unterhitze) vorheizen. Die Paprika waschen, entkernen und in sehr kleine Würfel schneiden. Crème fraîche, Kräuter-Crème fraîche und Mozzarella miteinander verrühren, dann die Paprikawürfel unterrühren.
- Die Aufbackbrötchen durchschneiden und großzügig mit der Masse bestreichen. Die Brötchen etwa 10 Minuten in den vorgeheizten Backofen geben.

**VARIANTE:** 100 g Salami und 100 g Kochschinken klein würfeln und ebenfalls unter die Masse rühren.

- Zubereitungszeit: 10 Minuten
- Backzeit: 10 Minuten

# Kartoffelmuffins

## Herrlich herzhaft

**Für 6 Stück**

- 350 g mehlig kochende Kartoffeln
- Salz
- 100 ml Milch
- 1 EL Butter
- 100 g geraspelter Käse (z. B. Gouda)
- 1 Frühlingszwiebel
- 1 Ei
- frisch gemahlener Pfeffer
- frisch geriebene Muskatnuss

- Die Kartoffeln schälen, in Stücke schneiden und in Salzwasser garkochen. Anschließend das Wasser abgießen und die gekochten Kartoffeln zerstampfen. Milch und Butter dazugeben und mit einem Schneebesen verrühren. Danach den Käse unterrühren.
- Den Backofen auf 180 °C Umluft (200 °C Ober-/Unterhitze) vorheizen.
- Die Frühlingszwiebel waschen und in Röllchen schneiden, zusammen mit dem Ei zu den Kartoffeln geben. Mit Salz, Pfeffer und Muskatnuss würzen.
- Die Kartoffelmasse auf eingefettete Muffinförmchen verteilen und etwa 30 Minuten im vorgeheizten Backofen backen.

**VARIANTE:** Probieren Sie auch andere Käsesorten wie herzhaften Bergkäse aus.

**TIPP:** Nutzen Sie die herzhaften Muffins für trendige „Muffin-Burger". Schneiden Sie die Muffins durch und verwenden Sie sie als Burgerbun.

- Zubereitungszeit: 30 Minuten
- Backzeit: 30 Minuten

**TIPP:** Der Quarkboden ist eher weich, wenn Sie lieber einen bissfesteren Boden mögen, wählen Sie den Quark-Haferflockenboden (Rezept siehe Seite 11).

# Quarkpiccolinis à la Elsass

Klein, aber fein

**Für 10 Stück**

| |
|---|
| 2 Eier |
| 100 g Quark |
| 140 g Käse (z. B. Gouda) |
| 1 TL gemahlene Flohsamenschalen |
| 2 Frühlingszwiebeln |
| 50 g Crème fraîche |
| 50 g Schinkenwürfel |

- Die Eier trennen. Die Eiweiße steif schlagen, die Eigelbe mit dem Quark verrühren. Den Käse raspeln. 40 g geraspelten Käse zur Quarkmasse geben, den Rest zur Seite stellen. Anschließend die Eiweiße und Flohsamenschalen zur Quarkmasse geben und unterrühren.
- Den Backofen auf 180 °C Umluft (200 °C Ober-/Unterhitze) vorheizen. Den Teig mit einem Esslöffel klecksweise auf ein mit Backpapier ausgelegtes Backblech portionieren und ca. 10 Minuten im vorgeheizten Backofen vorbacken.
- In der Zwischenzeit die Frühlingszwiebeln waschen und in Röllchen schneiden.
- Auf die vorgebackenen Quarkböden jeweils Crème fraîche verteilen, anschließend Schinkenwürfel und Frühlingszwiebelröllchen darauf geben und mit dem zur Seite gestellten Käse bestreuen. Erneut ca. 5 Minuten in den Backofen geben.

**INFO:** Gemahlene Flohsamenschalen eignen sich als Quell- und Bindemittel in der glutenfreien Ernährung und sind mittlerweile in normalen Supermärkten erhältlich.

- Zubereitungszeit: 25 Minuten
- Backzeit: 15 Minuten

# Mini-Reibeplätzchen

Dieses traditionelle Gericht ist auch im Kleinformat ein Gedicht!

**Für 12 Stück**

- 4 große Kartoffeln (ca. 550 g)
- 1 Zwiebel
- 1 Ei
- 2 gehäufte EL Haferflocken
- 1 TL Salz
- frisch gemahlener Pfeffer
- frisch geriebene Muskatnuss
- Pflanzenöl zum Ausbacken

- Die Kartoffeln und die Zwiebel schälen, beides mit einer groben Reibe in eine Schüssel raspeln. Die überschüssige Flüssigkeit mit Küchenpapier aufsaugen.
- Das Ei, die Haferflocken sowie die Gewürze dazugeben, alles miteinander mischen und anschließend portionsweise in einer Pfanne in heißem Öl ausbacken.

**TIPP:** Servieren Sie dazu klassisch Apfelmus oder einen Kräuterquark-Dip (Rezept siehe Seite 83). Lecker ist auch, zusätzlich noch Lachsstreifen anzubieten.

Zubereitungszeit: 25 Minuten

# Mini-Burger & Burger-Patties

# Hackfleischpatties

## Der Klassiker

**Für 20 Mini-Patties**

| |
|---|
| 1 Zwiebel |
| 350 g Rinderhackfleisch (Bio) |
| 1 Ei |
| 1 EL Senf |
| 1 EL Tomatenmark |
| Salz |
| frisch gemahlener Pfeffer |
| Paprikapulver edelsüß |
| etwas Pflanzenöl zum Braten |

- Die Zwiebel schälen und in kleine Würfel schneiden. Das Hackfleisch und das Ei zusammen mit Senf, Tomatenmark und den Gewürzen zu einer homogenen Masse verkneten.
- Anschließend daraus mit den Händen kleine Patties formen und in einer Pfanne in etwas Fett bei mittlerer Hitze ca. 8 Minuten gar braten.

**VARIANTE FÜR PESTOPATTIES:** 2 EL glutenfreie Semmelbrösel und 2 EL Pesto nach Wahl unter die Masse rühren.

Zubereitungszeit: 30 Minuten

# Auberginenpatties

## Vegetarische Patties

**Für ca. 8 Mini-Patties**

| |
|---|
| 1 Aubergine |
| Salz |
| einige Blätter Basilikum |
| einige Blätter Petersilie |
| 1 Zweig Oregano |
| 3 EL Parmesan |
| 4 EL glutenfreie Semmelbrösel |
| 1 Ei |
| frisch gemahlener Pfeffer |
| Pflanzenöl zum Braten |

- Die Aubergine längs vierteln, dann etwa 10 Minuten in Salzwasser weichkochen. Die Haut von der Aubergine abziehen, Flüssigkeit aus dem Auberginenfleisch mit Küchenpapier herausdrücken, das Auberginenfleisch mit einer Gabel zerdrücken.
- Die Kräuter waschen und fein schneiden. Parmesan, Semmelbrösel, das Ei, die Gewürze und die Kräuter zum Auberginenfleisch geben und alles miteinander verrühren.
- Aus der Masse mit den Händen Patties formen. Sind sie zu klebrig, noch etwas Semmelbrösel hinzufügen. Anschließend in einer Pfanne in Pflanzenöl ausbacken.

TIPP: Die Patties pur genießen mit einem cremigen Dip aus 100 g Crème fraîche und 100 g Quark oder als vegetarische Alternative zu den klassischen Patties für einen Burger verwenden.

Zubereitungszeit: 25 Minuten

TIPP: Zur Lebensmittelverwertung die Reste des Mandelbodens mit den Händen zerkrümeln, mit Frischkäse mischen und daraus Mandel-Frischkäse-Bällchen formen.

# Burger mit Mandelbun

Ein Renner am Ohne-Mehl-Buffet

**Für 6 Burger**

- 6 Hackfleischpatties (Rezept siehe Seite 29)

**Mandelbun:**

- 140 ml Milch
- 50 g Quark
- 25 ml Pflanzenöl
- 100 g gemahlene Mandeln
- 1 EL gemahlene Flohsamenschalen
- 1 EL Backpulver
- Salz
- 2 EL Sesamkörner

**Belag:**

- 2 Blätter Salat, z. B. Eisbergsalat
- 2 kleine Tomaten
- 2 mittelgroße Gewürzgurken
- 2 Scheiben Cheddar
- 80 g Mayonnaise
- 1 EL Senf
- 2 EL Ketchup
- 6 Cocktailspieße

- Zunächst Milch, Quark und Öl miteinander verrühren. Dann Mandeln, Flohsamenschalen und Backpulver dazugeben, mit Salz würzen und kurz alles miteinander verrühren. Anschließend den Teig ca. 30 Minuten kühlstellen, er quillt auf und wird fester.
- Währenddessen 6 Hackfleischpatties herstellen.
- Den Backofen auf 180 °C Umluft (200 °C Ober-/Unterhitze) vorheizen.
- Den Teig auf ein mit Backpapier ausgelegtes Backblech geben, mit einem Messer verstreichen und ca. 5 Minuten im vorgeheizten Backofen backen, dann Sesam auf den Teig streuen und weitere 10 Minuten backen.
- Anschließend aus dem Teig mit kleinen, runden Plätzchenausstechern (oder kleinen Trinkgläsern) 12 Kreise von 5 cm Ø ausstechen, diese ergeben den jeweils unteren Teil und den Deckel der Burger.
- Die Salatblätter waschen und in 6 Stücke zupfen. Die Tomaten waschen und in Scheiben schneiden, die Gewürzgurken in kleine Würfel schneiden.
- Den Cheddar für 6 Burger portionieren.
- Die Mayonnaise mit Senf verrühren.
- Die Burgerdeckel mit Ketchup bestreichen, auf die Salatblätter die Mayonnaise-Senf-Sauce streichen.
- Die einzelnen Burgerkomponenten von oben nach unten mit einem Spieß zusammenstecken: Burgerdeckel, Tomatenscheibe, Cheddar, Patty, Burgerboden. Auf den Cheddar vorher Gurkenwürfel streuen.

Zubereitungszeit: 30 Minuten
Backzeit: 15 Minuten
Kühlzeit: 30 Minuten

# Mini-Haferflockenburger

## Eine bissfeste Variante des Pizzateigs als Burgerbrötchen

**Für ca. 24 Burgerbrötchen-hälften**

| |
|---|
| 250 g Quark |
| 200 g Haferflocken (glutenfrei) |
| 2 TL Backpulver |
| 3 EL Olivenöl |

- Den Backofen auf 180 °C Umluft (200 °C Ober-/Unterhitze) vorheizen.
- Quark, Haferflocken, Backpulver und Öl in eine Schüssel geben und mit den Händen verkneten.
- Den Teig portionsweise abnehmen und dünn direkt auf ein Backblech geben. Das geht am besten, indem der Teig zunächst zu einer Kugel geformt und dann mit dem Handrücken plattgedrückt wird. Mit einem runden Plätzchenausstecher 24 Kreise von 5 cm Ø ausstechen. Den dabei jeweils überschüssigen Teig wieder zur Teigmasse kneten und weiterverarbeiten.
- Die Haferflockenböden und -deckel ca. 12 Minuten im vorgeheizten Backofen backen.

TIPP: Als klassischen Burger (siehe Rezept Burger mit Mandelbun, Seite 33) mit Salat, Gurke, Tomate, Patty, Cheddar, Ketchup und Mayonnaise-Senf-Sauce belegen.

- Zubereitungszeit: 15 Minuten
- Backzeit: 12 Minuten

TIPP: Streuen Sie etwas Sesam zur Deko auf die Burgerdeckel und unterstreichen dadurch die optische Ähnlichkeit mit dem klassischen Burger.

# Babybel-Käseburger

## Käsegenuss pur

**Für 6 Stück**

| |
|---|
| 6 Hackfleischpatties (Rezept siehe Seite 29) |
| 6 Mini-Babybels |
| 2 Kirschtomaten |
| 2 Salatblätter, z. B. Lollo Bionda |
| 6 Scheiben Gurken |
| einige TL Basilikumpesto (Wenn Sie es selbst herstellen möchten: Rezept siehe Seite 61) |
| 6 Cocktailspieße |

- 6 Hackfleischpatties herstellen.
- Die Babybels halbieren, so dass sie zwei gleich große Scheiben ergeben. Tomaten waschen und in Scheiben schneiden. Salatblätter waschen und in 6 Stücke zupfen.
- Nacheinander alles von oben nach unten aufspießen: Babybelscheibe, Gurkenscheibe, Patty, Tomatenscheibe. Auf die Tomatenscheibe etwas Pesto geben. Dann den Burger mit einem Salatblatt und der zweiten Babybelscheibe abschließen.

**VARIANTE:** Der Käseburger kann vielfältig an die eigenen Geschmacksvorlieben angepasst werden. Statt Pesto klassische Burgersauce, statt Hackfleischpatty einen vegetarischen Auberginenpatty oder statt Lollo Bionda andere Salatsorten wie Lollo Rosso, Rucola oder Eisbergsalat verwenden.

Zubereitungszeit: 10 Minuten

# Champignonburger

## Perfekt für Pilzliebhaber

**Für 6 Stück**

| |
|---|
| 6 Hackfleischpatties (Rezept siehe Seite 29) |
| 6 große Champignons |
| etwas Pflanzenöl zum Braten |
| 1 Zwiebel |
| 2 kleine Kirschtomaten |
| ein kleines Stück Salatgurke |
| 2 Salatblätter, z. B. Lollo Rosso |
| 2 Scheiben Cheddar |
| etwas Burgersauce |
| 6 Cocktailspieße |

- 6 Hackfleischpatties herstellen.
- Die Champignons putzen, den Stiel entfernen, den Pilzkopf mit einem Messer waagerecht halbieren. Die beiden Teile sind der spätere Burgerboden und Burgerdeckel.
- Die Champignons in einer Pfanne mit etwas Öl anbraten.
- Die Zwiebel schälen, in Ringe schneiden und die Ringe anschließend in der Pfanne mit etwas Öl anbraten.
- Tomaten und Gurke waschen, in jeweils 6 Scheiben schneiden. Salatblätter waschen, in 6 Stücke zupfen. Cheddar in 6 Teile schneiden.
- Die einzelnen Zutaten nacheinander aufspießen: obere Pilzkopfhälfte, Gurkenscheibe, Cheddar, Hackfleischpatty. Den Patty von unten großzügig mit Burgersauce bestreichen, Zwiebelring auf die Tomatenscheibe legen und aufspießen, abschließend das Salatblatt und die untere Pilzhälfte feststecken.

**VARIANTE:** Statt Gurkenscheiben Gewürzgurken verwenden, statt Lollo Rosso Feldsalat oder Rucola wählen.

Zubereitungszeit: 25 Minuten + Zubereitungszeit für die Patties

# Patty-Burger

## Lecker ohne Schnick-Schnack

**Für 16 Stück**

| |
|---|
| 16 Hackfleischpatties (Rezept siehe Seite 29) |
| ½ Gurke |
| 16 Cocktailtomaten |
| 4 Salatblätter |
| 4 Scheiben Cheddar |
| Sauce nach Wahl (Hamburger-, Barbecue- oder Chilisauce) |
| 16 Cocktailspieße |

- 16 Hackfleischpatties herstellen.
- Die Gurke schälen und in Scheiben schneiden. Die Tomaten waschen, den Salat waschen und in Stücke zupfen, Cheddar portionieren.
- Alles nacheinander auf Spieße stecken: Tomate, Gurkenscheibe, Salat, Cheddar, Patty.
- Eine Sauce nach Wahl in einer Schüssel als Dip anbieten.

**VARIANTE:** Probieren Sie auch die mediterrane Variante aus und spießen nacheinander eine Olive, ein Stück Paprika, einen Fetawürfel, ein Stückchen Salatblatt (oder ein Blatt Basilikum), eine Scheibe Tomate und abschließend einen Patty auf. Dazu passt ein frischer Joghurtdip (Rezept siehe Seite 87).

Zubereitungszeit: 10 Minuten

Aufgerollt

# Herzhaft gefüllte Crêpes

## Ein Klassiker, der immer geht

**Für 4 Crêpes (18 cm Ø), ergibt ca. 24 gefüllte Crêpes-Röllchen**

- 50 g Speisestärke (glutenfrei, z. B. Maisstärke)
- 125 ml Milch
- 1 Ei
- Salz
- frisch gemahlener Pfeffer
- etwas Pflanzenöl zum Braten
- frische Kräuter (z. B. je 1 Stängel Petersilie, Dill und Minze)
- 4 EL Frischkäse
- 1 Paprika
- 1 Frühlingszwiebel

- Die Speisestärke, die Milch und das Ei miteinander verrühren, mit Salz und Pfeffer würzen.
- Den Teig portionsweise in etwas Öl in einer Pfanne zu Crêpes ausbacken.
- Die Kräuter fein hacken und mit dem Frischkäse verrühren. Die Paprika waschen, entkernen und in sehr feine Würfel schneiden. Die Frühlingszwiebel waschen und in feine Röllchen schneiden. Paprika und Frühlingszwiebel ebenfalls unter den Kräuter-Frischkäse rühren. Anschließend portionsweise auf die Crêpes geben, zusammenrollen und in Röllchen schneiden.

**VARIANTE:** Für süße Crêpes den Teig statt mit Salz und Pfeffer mit einer Prise Zucker würzen. Als Belag 4 EL Zucker mit etwas Zimt vermischen und auf den Crêpes verteilen oder statt Zimt und Zucker jeweils 1 EL Nuss-Nougat-Creme darauf verstreichen.

Zubereitungszeit: 25 Minuten

# Wrap-Röllchen mit Gemüsefüllung

## Vielseitige Leckerei

**Für 1 Wrap, ergibt ca. 7 gefüllte Wrap-Röllchen**

| |
|---|
| 100 g Quark |
| 3 Eier |
| Salz |
| 1 Prise Zucker |
| ¼ Salatgurke |
| 1 gute Handvoll Rucola |
| 3 EL Pesto (z. B. Pesto Rosso oder selbstgemachtes: Rezept siehe Seite 61) |

- Den Backofen auf 180 °C Umluft (200 °C Ober-/Unterhitze) vorheizen. Quark mit den Eiern, Salz und Zucker verrühren.
- Den Teig auf ein rundes Pizzablech geben und im vorgeheizten Backofen etwa 20 Minuten backen. Alternativ den Teig auf einer mit Backpapier belegten Springform von ca. 27 cm Ø verstreichen.
- Die Salatgurke schälen, vierteln und in dünne Scheiben schneiden. Den Rucola waschen, lange Stiele entfernen.
- Den Wrap mit dem Pesto bestreichen, anschließend mit Rucola und Gurke belegen, den Wrap aufrollen. Er muss aufgerollt werden, solange er noch warm ist, sonst reißt er beim Rollen.
- Abschließend den Wrap in Scheiben schneiden.

TIPP: Variieren Sie den Belag ganz nach Ihrem Geschmack. Der Wrap schmeckt warm und kalt.

- Zubereitungszeit: 15 Minuten
- Backzeit: 20 Minuten

**TIPP:** Die Zucchinirolle zusammenrollen, wenn sie frisch aus dem Ofen kommt. Erkaltet sie, reißt sie beim Zusammenrollen.

# Gefüllte Zucchini-Röllchen

## Individuell zu belegen

**Für 1 Rolle, ergibt 6 Portionen**

**Rolle:**

- 1 große Zucchini
- 150 g Mozzarella
- 80 g gemahlene Mandeln
- 4 Eier
- Salz

**Belag:**

- einige Salatblätter, z. B. Lollo rosso
- 2 Tomaten
- ¼ Gurke
- 2 EL Ketchup
- 1 TL Senf
- 3 EL Naturjoghurt
- 3 EL Maiskörner

- Den Backofen auf 180 °C Umluft (200 °C Ober-/Unterhitze) vorheizen. Die Zucchini waschen und mit einer Reibe fein raspeln. Die Flüssigkeit ausdrücken und mit einem Küchentuch aufnehmen.
- Den Mozzarella reiben und zu den Zucchiniraspeln geben. Mandeln und Eier ebenfalls dazugeben und alles miteinander verrühren. Mit Salz würzen.
- Die Masse auf ein mit Backpapier ausgelegtes Backblech verteilen und für 20 Minuten in den vorgeheizten Backofen geben.
- Inzwischen die Salatblätter waschen. Die Tomaten waschen, entkernen und würfeln. Die Gurke waschen, schälen und würfeln.
- Ketchup, Senf und Naturjoghurt miteinander verrühren, die Sauce auf den Zucchiniboden streichen.
- Auf den gebackenen Zucchiniboden sofort die Salatblätter nebeneinander legen. Tomaten, Gurke und Mais darauf verteilen.
- Den Zucchiniboden vom Backpapier lösen und zusammenrollen. Vor dem Servieren in ca. 4 cm dicke Scheiben schneiden.

**VARIANTEN:** Servieren Sie die Zucchinirolle als Burgerrolle, indem Sie 100 g Bio-Rinderhackfleisch in etwas Öl anbraten, mit Salz und Pfeffer würzen und ebenfalls auf den Zucchiniboden verteilen. Für eine Cheeseburger-Rolle zusätzlich zum Hackfleisch noch Scheibletten-käse darauf legen. Alternativ können Sie die Zucchinirolle auch mit Kräuter-Frischkäse bestreichen und mit Lachs und Dill belegen oder statt Mozzarella herzhafteren Käse verwenden.

- Zubereitungszeit: 30 Minuten
- Backzeit: 20 Minuten

# Gemüsesticks in Putenbrust

## Gemüse lecker verpackt

**Für 20 Röllchen**

| |
|---|
| 1 Möhre |
| ½ Gurke |
| 1 Kohlrabi |
| 1 Paprika |
| 75 g saure Sahne |
| ½ EL Senf |
| 10 Scheiben geräucherte Putenbrust, ca. 200 g |
| 1 Bund Schnittlauch zum Fixieren |

- Die Möhre, Gurke und Kohlrabi schälen, die Paprika waschen und entkernen und das Gemüse jeweils zu Gemüsesticks von ca. 10 cm Länge schneiden.
- Die saure Sahne mit dem Senf verrühren, auf die Putenbrust streichen und die Scheiben halbieren.
- Das Gemüse auf den Putenbrustscheiben verteilen (idealerweise schauen die Gemüsesticks an den Seiten jeweils etwas heraus).
- Schnittlauch waschen und trockentupfen. Die Putenbrustscheiben zusammenrollen und mit Schnittlauch zubinden.

**VARIANTE:** Variieren Sie die Gemüsesorten nach Wunsch. Statt mit Schnittlauch die Röllchen mit Cocktailspießen fixieren.

Zubereitungszeit: 20 Minuten

# Rucola-Serrano-Röllchen

Unkompliziert, aber raffiniert

**Für 10 Röllchen**

| |
|---|
| 10 Scheiben Serrano-Schinken, ca. 150 g |
| 5 TL Kräuterfrischkäse |
| 100 g Rucola |
| 2 EL Balsamicoessig |

- Die Schinkenscheiben mit Kräuterfrischkäse bestreichen.
- Den Rucola waschen, die langen Stiele entfernen. Rucola in Bündeln auf die Schinkenscheiben legen und mit Balsamicoessig beträufeln.
- Die Schinkenscheiben zusammenrollen.

Zubereitungszeit: 10 Minuten

# Käseröllchen mit Rucolapesto

## Mit selbstgemachtem Pesto

**Für ca. 20 Röllchen**

| |
|---|
| 50 g Rucola |
| 15 g geriebenen Käse, z. B. Gouda |
| 5 EL Olivenöl |
| 2 EL gemahlene Mandeln |
| 1 kleiner TL Senf |
| Salz |
| frisch gemahlener Pfeffer |
| 200 g Käse in Scheiben, z. B. Gouda |

- Den Rucola waschen, die langen Stiele entfernen. Anschließend Rucola, geriebenen Käse, Öl, Mandeln und Senf zu einem Pesto pürieren.
- Das Pesto mit Salz und Pfeffer abschmecken, dann auf die Käsescheiben streichen. Die Käsescheiben zusammenrollen und bis zum Servieren in den Kühlschrank stellen. Zum Anrichten portionsweise in Röllchen schneiden.

**VARIANTE:** Statt Rucolapesto können Sie auch Frischkäse auf den Käse streichen und ihn mit fein geschnittenen roten Zwiebelwürfeln und fein geschnittenen Paprikawürfeln bestreuen.

TIPP: Je ein Käseröllchen auf einem (glutenfreien) Cracker anrichten und servieren.

Zubereitungszeit: 20 Minuten

# Reispapierröllchen

## Eine frische Sommerrolle

**Für 8 Portionen**

| |
|---|
| 1 Möhre |
| 1 Gurke |
| 1 Paprika |
| einige Blätter Koriander |
| 4 Salatblätter |
| 8 Blätter Reispapier |

- Möhre schälen, Gurke waschen, entkernen und halbieren, Paprika waschen und entkernen. Anschließend alles in lange dünne Stifte schneiden. Den Koriander waschen und klein hacken, die Salatblätter waschen.
- Die Reispapiere einzeln kurz in lauwarmes Wasser legen und einweichen, dann abtropfen und auf ein Arbeitsbrett legen. Jeweils ½ Salatblatt mittig auf das Reispapier legen, das Gemüse portionsweise darauf verteilen, etwas Koriander darüber streuen. Das Reispapier zusammenrollen: An den Seiten über dem Gemüse einschlagen, dann von unten einschlagen.
- Dazu einen Dip nach Wahl servieren (siehe Tipp). Alternativ kann auch etwas Dip auf dem Reisblatt verstrichen werden, bevor es belegt wird.

**VARIANTE:** Koriander ist nicht Ihr bevorzugtes Kraut? Dann ersetzen Sie es z. B. durch Petersilie oder Minze.

**TIPP:** Dazu einen Dip ganz nach persönlicher Vorliebe servieren, z. B. Chilisauce, Erdnussdip mit Sojasauce oder einen Joghurtdip mit Zitrone, Minze und Curry.

Zubereitungszeit: 30 Minuten

Aufgespießt

# Wassermelone-Feta-Spieße

Tolles Sommerrezept

**Für ca. 35 Stück**

- ½ kleine Wassermelone
- 200 g Feta
- ca. 35 Basilikum- oder Minzeblättchen
- Basilikumpesto
- ca. 35 Cocktailspieße

- Die Schale von der Wassermelone abschneiden. Wassermelone und den Feta in kleine, mundgerechte Würfel schneiden.
- Abwechselnd Wassermelone, Feta und jeweils 1 Kräuterblatt auf einen Cocktailspieß stecken, auf den Feta etwas Pesto träufeln.

**DEKOTIPP:** Mit einem Plätzchenausstecher (z. B. Herz- oder Blumenform) die Wassermelonenstücke ausstechen. Dann zunächst das ausgestochene Symbol hochkant auf einen Cocktailspieß stecken, anschließend das Fetastück darauf aufspießen.

**TIPP:** Basilikumpesto selbst herstellen? Dazu 40 ml Olivenöl, 1 Handvoll Basilikumblätter, 20 g Sonnenblumenkerne und 20 g Parmesan mit einem Pürierstab pürieren.

Zubereitungszeit: 15 Minuten

# Capresespieße

## Ein Klassiker am Spieß

**Für ca. 14 Stück**

- 28 Cocktailtomaten
- 28 Basilikumblätter
- 2 Packungen Mini-Mozzarella (125 g Abtropfgewicht)
- ca. 14 Cocktailspieße
- etwas Balsamicoessig

- Die Tomaten und die Basilikumblätter waschen.
- Den Mozzarella abtropfen lassen. Anschließend in dieser Reihenfolge aufspießen: Tomate, Basilikumblatt, Mozzarella, Tomate, Basilikumblatt, Mozzarella.
- Den Mozzarella mit einigen Tropfen Balsamicoessig beträufeln.

**VARIANTE:** Für kleinere Spieße zum Aufstellen: Zuerst eine Mozzarellakugel und ein Basilikumblatt aufspießen, anschließend eine halbierte Mini-Tomate mit der Schnittfläche nach unten darauf stecken.

Zubereitungszeit: 15 Minuten

# Zünftige Spieße

## Es muss nicht immer süß sein

**Für 8 Spieße**

| |
|---|
| 150 g Emmentaler am Stück |
| 1 Bund Radieschen |
| 1 kleiner Rettich |
| 8 Cocktailspieße |

- Den Käse in mundgerechte Würfel schneiden.
- Die Radieschen waschen, das Grün abschneiden.
- Den Rettich schälen und in dünne, mundgerechte Scheiben schneiden.
- Jeweils 1–2 Radieschen, mehrere Käsewürfel und Rettichscheiben abwechselnd auf einen Spieß stecken.

**VARIANTE:** Süßer wird es, wenn jeweils eine Weintraube mit aufgespießt wird, herzhafter mit einem Stück glutenfreier Laugenstange. Auch hart gekochte, geviertelte Eier können mit aufgespießt werden.

Zubereitungszeit: 15 Minuten

# Camembertspieße

Käse-Igel mal anders

**Für 8 Portionen**

| |
|---|
| 1 kleiner Camembert |
| 8 Weintrauben |
| 8 Cocktailspieße |

- Den Camembert achteln. Die Weintrauben waschen und mit Spießen auf die Camembertstücke stecken.

**VARIANTE:** Auch Blaubeeren eignen sich wunderbar zum Aufspießen. Herzhafter werden die Camembertstücke, wenn statt Weintrauben halbe Radieschen verwendet werden.

Zubereitungszeit: 10 Minuten

# Mini-Hot-Dogs

## Schnell weggenascht

**Für 20 Stück**

**Hot-Dog-Fladen:**

- 3 Eier
- 100 g Frischkäse
- Salz

**Belag:**

- 5 Salatblätter
- 10 kleine Gewürzgurken
- 80 g Mayonnaise
- 1 EL Senf
- 20 Mini-Würstchen
- glutenfreie Röstzwiebeln (alternativ in etwas Fett gebratene Zwiebelringe)
- 20 Cocktailspieße

- Den Backofen auf 180 °C Umluft (200 °C Ober-/Unterhitze) vorheizen. Die Eier trennen, die Eiweiße steif schlagen. Die Eigelbe mit Frischkäse und Salz verrühren, dann die Eiweiße unterheben.
- Mit einem Esslöffel die Masse mit etwas Abstand portionsweise in 20 Klecksen auf ein mit Backpapier ausgelegtes Blech geben und im vorgeheizten Backofen ca. 12 Minuten backen. Die noch warmen Hot-Dog-Fladen jeweils in der Hälfte zusammenklappen, um die später gewünschte Form zu erhalten. Sind sie erkaltet, brechen sie leicht beim Umklappen.
- Die Salatblätter waschen, trockentupfen und in kleine Stücke zupfen (etwa in der Größe der Hot-Dog-Fladen), die Gewürzgurken halbieren.
- Mayonnaise und Senf miteinander verrühren. Die Hot-Dog-Fladen aufklappen, mit der Sauce bestreichen, dann belegen: Erst Salat, anschließend Gewürzgurke, dann ein Mini-Würstchen darauflegen, alles mit einem Cocktailspieß feststecken.

**KLASSISCHE RUCK-ZUCK-VARIANTE:** Statt Hot-Dog-Fladen zu backen, glutenfreie Hotdogbrötchen kaufen, dritteln und entsprechend füllen.

- Zubereitungszeit: 30 Minuten
- Backzeit: 12 Minuten

# Obstspieße

Frucht pur

**Für 12 Spieße**

- 12 Himbeeren
- 12 grüne Weintrauben
- 12 kleine Erdbeeren
- 12 Blaubeeren
- 1 kleine Ananas
- 2 Kiwis
- 12 Cocktailspieße

- Die Himbeeren, Weintrauben, Erdbeeren und Blaubeeren waschen. Die Ananas und Kiwis schälen und in mundgerechte Würfel schneiden.
- Das Obst in unterschiedlicher Reihenfolge auf die Spieße stecken.
- Die Spieße dekorativ auf Tellern verteilen oder auf eine halbierte Ananas stecken.

**VARIANTE SCHOKO-WEINTRAUBE:** Spießen Sie Weintrauben auf, schmelzen weiße Schokolade und stellen eine Schüssel mit gehackten Haselnüssen oder Krokant bereit. Zuerst die Weintrauben zu drei Vierteln in die Schokolade tunken, anschließend kurz in die Nüsse dippen.

**TIPP:** Stellen Sie als besonderes Highlight für Groß und Klein einen Schokobrunnen auf, in denen die Obstspieße getaucht und versüßt werden können.

Zubereitungszeit: 15 Minuten

# Gefüllte & gedippte Köstlichkeiten

**TIPP:** Sie können auch zusätzlich eine Paprika in ganz kleine Stückchen schneiden und unter die Creme rühren.

# Gurkentürmchen

## Cremig gefüllte Gurke

**Für ca. 15 Portionen**

- 1 Gurke
- 6 Radieschen
- 150 g Quark
- 6 EL süße Sahne
- Salz
- frisch gemahlener Pfeffer
- 1 Handvoll Dill

- Die Gurkentürmchen erst unmittelbar vor dem Servieren zubereiten, damit sie nicht austrocknen.
- Die Gurke waschen. Um ein ansprechendes Muster zu erzielen, mit einem Gemüsehobel einige Streifen Schale längs abholen, sodass ein Streifenmuster entsteht. Anschließend die Gurke schräg in etwa 2 cm dicke Scheiben schneiden.
- Die Gurkenstücke mit einem Löffel etwas aushöhlen.
- Die Radieschen waschen und das Grün abschneiden. 1 Radieschen zur Seite legen, die übrigen Radieschen mit einer Reibe fein raspeln.
- Den Quark mit Sahne glattrühren, die Radieschenraspeln unterheben und mit Salz und Pfeffer würzen. Die Masse in die ausgehöhlten Gurken füllen.
- Dill waschen und in kleine Stücke schneiden. Das zur Seite gelegte Radieschen in Scheiben schneiden, anschließend vierteln.
- Die Gurkenstücke mit Dill bestreuen und jeweils ein Radieschenstückchen zur Dekoration in die Creme stecken.

**VARIANTE GURKEN-LACHS-HÄPPCHEN:** Verrühren Sie 100 g Frischkäse mit 1 EL Mayonnaise und 1 EL frisch ausgepresstem Zitronensaft. Schneiden Sie Petersilie und Dill klein, Schnittlauch in kleine Röllchen (einige Röllchen zur Deko zur Seite legen) und rühren die Kräuter unter. Anschließend 50 g geräucherten Lachs in kleine Stücke schneiden und vorsichtig unterheben. Die Creme in ausgehöhlte Gurkenstücke füllen. Mit ein paar Schnittlauchröllchen garnieren.

Zubereitungszeit: 20 Minuten

# Gefüllte Tomaten

Im Sommer direkt aus dem Garten

**Für 20 Cocktailtomaten**

| |
|---|
| 20 Cocktailtomaten |
| 200 g Frischkäse |
| 120 g Quark |
| 2 EL frisch gepresster Zitronensaft |
| 1 Bund Basilikum |
| einige Kräuterzweige (z. B. Petersilie, Schnittlauch, Dill) |
| Salz |
| frisch gemahlener Pfeffer |

- Die Tomaten waschen und halbieren, anschließend entkernen.
- Den Frischkäse mit Quark und Zitronensaft verrühren. Die Kräuter waschen, 20 Basilikumblätter zur Seite legen. Die restlichen Kräuter in kleine Stücke schneiden und unter die Creme rühren.
- Die Creme in die Tomatenhälften füllen. Mit Basilikumblättern garnieren.

Zubereitungszeit: 15 Minuten

# Gefüllter Camembert

Schmeckt herrlich frisch

**Für 8 Stück**

| |
|---|
| 200 g Camembert |
| einige Tropfen frisch gepresster Zitronensaft |
| 150 g Frischkäse |
| je 1 Bund Minze und Basilikum (idealerweise Lemon-Basilikum) |
| Salz |
| frisch gemahlener Pfeffer |

- Den Camembert quer halbieren.
- Den Zitronensaft zum Frischkäse geben. Die Minze und das Basilikum waschen, klein hacken und alles unter den Frischkäse rühren. Mit Salz und Pfeffer abschmecken.
- Die Frischkäsemasse großzügig auf die untere Hälfte des Camemberts streichen, die obere Hälfte wieder daraufsetzen. Den Camembert in Folie wickeln und mindestens 1 Stunde kühlstellen.
- Vor dem Servieren den Camembert wie eine Torte anschneiden und achteln.

**TIPP:** Ideal für eine Käseplatte mit frischen Radieschen und Weintrauben.

- Zubereitungszeit: 10 Minuten
- Kühlzeit: 60 Minuten

# Gefüllte Pfirsiche

Auch mit Birnen oder Aprikosen lecker

**Für ca. 20 Stück**

- 850 g Pfirsichhälften (aus der Dose)
- 400 g Frischkäse
- 2 EL frisch gepresster Zitronensaft
- 1 Bund Petersilie
- 1 Bund Schnittlauch
- einige Zweige Minze

- Die Pfirsichhälften gut abtropfen lassen.
- Den Frischkäse mit dem Zitronensaft verrühren. Die Kräuter waschen, die Minze zur Seite legen. Die Petersilie hacken, den Schnittlauch in feine Röllchen schneiden und beides zur Frischkäsemasse geben.
- Die Masse in einen Spritzbeutel (idealerweise mit Sternentülle) füllen und auf die Pfirsichhälften verteilen. Mit Minzeblättchen garnieren.

**VARIANTE:** Wer es lieber ein wenig schärfer und herzhafter mag, gibt etwas Currypulver zur Frischkäsemasse und garniert die Pfirsichhälften mit halben Walnüssen.

Zubereitungszeit: 15 Minuten

**TIPP:** Reichen Sie dazu in Gläser gefüllte glutenfreie Grissini, die ebenfalls gedipt werden können.

# Gemüsesticks mit Dips

Frisch und pur mit zweierlei Dip nach Wahl

**Für ca. 12 Portionen (hohe Schnapsgläser à 7 cl)**

## Gemüsesticks:

- 1 Paprika
- 1 Kohlrabi
- 1 Stange Staudensellerie
- 1 Gurke
- 2 Möhren

## Dattel-Dip:

- 250 g Frischkäse
- 100 g Schmand
- 50 g getrocknete Datteln
- 1 Frühlingszwiebel

## Kräuterquark-Dip:

- 100 g Quark
- 100 g Crème fraîche
- je 1 Stängel Petersilie, Schnittlauch, Dill, Basilikum
- 1 TL frisch gepresster Zitronensaft
- ca. 1 TL Honig
- Salz
- frisch gemahlener Pfeffer

- Kohlrabi schälen, Paprika waschen und entkernen, Staudensellerie waschen und halbieren, Gurke waschen, achteln und entkernen. Möhren schälen und achteln.
- Das Gemüse jeweils in etwa 8 cm lange Sticks schneiden und auf die Schnapsgläser verteilen.
- Für den Dattel-Dip Frischkäse und Schmand miteinander verrühren. Die getrockneten Datteln in kleine Stücke schneiden und unterrühren. Die Frühlingszwiebeln waschen, in Röllchen schneiden und ebenfalls unterheben.
- Für den Kräuterquark-Dip den Quark mit Crème fraîche verrühren. Die Kräuter waschen und in kleine Stücke schneiden. Zitronensaft und etwas Honig hinzugeben. Mit Salz und Pfeffer abschmecken.
- Die Dips in Schälchen geben und zusammen mit den Gemüsesticks servieren.

**ALTERNATIVE:** Sie können die Dips auch direkt portionsweise in die Gläser mit den Gemüsesticks füllen. Statt portionsweise in Schnapsgläsern können die Sticks natürlich auch in größeren Gläsern oder Schalen angerichtet werden.

Zubereitungszeit: 15 Minuten

# Überbackene Nachos

Ideal für Gäste, aber auch für den Fernsehabend

**Für 1 Auflaufform (ca. 4 Portionen)**

- 50 g Rinderhackfleisch (Bio)
- etwas Pflanzenöl zum Braten
- Salz
- frisch gemahlener Pfeffer
- 5 EL Barbecuesauce
- 100 g gesalzene, glutenfreie Tortillachips
- 60 g geriebener Käse
- 50 g Crème fraîche

- Das Hackfleisch in einer Pfanne in etwas Pflanzenöl anbraten. Mit Salz und Pfeffer würzen, Barbecuesauce unterrühren.
- Die Hälfte der Tortillachips in eine dekorative, ofenfeste Form geben. Die Hälfte der Hackfleischsauce löffelweise darauf verteilen, die Hälfte vom Käse darauf verstreuen.
- Die restlichen Tortillachips darauf verteilen. Wiederum Hackfleischsauce und Käse darauf geben.
- Abschließend die Crème fraîche kleckseweise darauf verteilen und die Form ca. 5 Minuten bei 160 °C Umluft (180 °C Ober-/Unterhitze) in den Backofen geben.

**VEGETARISCHE RUCK-ZUCK-VARIANTE:** Statt Hackfleisch Salsasauce verteilen.

**TIPP:** Die Crème fraîche nur auf, nicht zwischen die Tortillachips geben, sie werden sonst weich. Bereiten Sie für Gäste die Tortillachips portionsweise in kleinen ofenfesten Formen zu.

- Zubereitungszeit: 15 Minuten
- Backzeit: 5 Minuten

# Kichererbsenbällchen

## Ein Hauch Orient auf dem Tisch

**Für ca. 15 Stück**

**Kichererbsenbällchen:**

- 1 Dose Kichererbsen (240 g Abtropfgewicht)
- 1 kleine Zwiebel
- 1 Zweig Koriander
- 1 Zweig Petersilie
- 40 g glutenfreie Speisestärke (z. B. Maisstärke)
- frisch gepresster Saft von ½ Zitrone
- Salz
- frisch gemahlener Pfeffer
- gemahlener Kreuzkümmel
- 1 kleine Schüssel glutenfreie Semmelbrösel
- Pflanzenöl zum Braten

**Honig-Senf-Dip:**

- 40 g Mayonnaise
- 1 EL Honig
- 1 EL Senf
- 1 TL Zucker
- einige Zweige Dill

- Die Kichererbsen abtropfen lassen. Die Zwiebel schälen und in kleine feine Stücke schneiden. Den Koriander und die Petersilie waschen und klein schneiden.
- Kichererbsen, Zwiebelstücke, Speisestärke, Zitronensaft und Gewürze mit einem Pürierstab zerkleinern und vermischen.
- Die Masse mit feuchten Händen zu kleinen Bällchen formen und in den Semmelbröseln wenden. Anschließend in einer Pfanne in Pflanzenöl von allen Seiten braten.
- Für den Dip die Mayonnaise mit Honig, Senf und Zucker verrühren. Den Dill waschen, klein schneiden und unterrühren.

**VARIANTE:** Sie mögen es lieber fruchtig? Dann reichen Sie einen zitronigen Joghurtdip dazu: Dafür 150 g Joghurt mit 50 g Quark, 1 EL frisch gepresstem Zitronensaft und einigen klein geschnittenen frischen Minzblättern verrühren.

Zubereitungszeit: 30 Minuten

**TIPP:** Die Zutaten müssen sehr gut gekühlt sein und schnell verarbeitet werden. Sonst wird es schwieriger, Kugeln aus der Masse zu formen. Die Kugeln zusammen mit (glutenfreien) Crackern anrichten.

# Frischkäse-Foodpops

## Kugelrund – ab in den Mund

**Für ca. 10 Stück**

| |
|---|
| 150 g Frischkäse |
| 50 g Feta |
| 1 EL getrocknete Petersilie |
| 1 EL getrockneter Schnittlauch |
| 1 Bund Petersilie |
| 1 Bund Basilikum |
| 1 Bund Schnittlauch |
| 30 g gemahlene Mandeln |

- Den Feta in kleine Stücke zerteilen, zum Frischkäse geben und mit einem Pürierstab verrühren. Die getrockneten Kräuter dazugeben und unterrühren.
- Die frischen Kräuter waschen, in kleine Stücke schneiden und in eine kleine Schüssel füllen. Die Mandeln zu den Kräutern geben.
- Anschließend die Frischkäsebällchen in der Kräuter-Mandel-Mischung wälzen, bis sie vollständig bedeckt sind. Die Bällchen bis zum Servieren in den Kühlschrank stellen

**ALTERNATIVE:** Sie können auch ein paar klein geschnittene Oliven zur Frischkäsemasse geben. Sie mögen keine Mandeln? Dann wälzen Sie die Kugeln ausschließlich in Kräutern.

**VARIANTE HERZHAFTE KUGELN:** Feta ist Ihnen zu intensiv? Dann bereiten Sie diese Variante zu: 75 g Butter, 75 g geriebenen Gouda, 100 g Frischkäse zusammen pürieren und mit Salz und Pfeffer abschmecken. Anschließend zu Kugeln formen und in Kräutern wenden.

- Zubereitungszeit: 15 Minuten
- Kühlzeit: 60 Minuten

# Chicoréeschiffchen

Mit oder ohne Krabben

**Für ca. 20 Portionen**

- 2 Chicoréekolben
- 1 kleine Zwiebel
- ½ Salatgurke
- 2 Tomaten
- 1 Zweig Dill
- 1 Zweig Petersilie
- 250 g Frischkäse
- 3 EL Milch
- 1 TL frisch gepresster Zitronensaft
- Salz
- frisch gemahlener Pfeffer
- 100 g Nordseekrabben

- Die Blätter vom Chicorée lösen, waschen und trockentupfen.
- Zwiebel und Gurke schälen, Tomaten waschen und alles in feine Würfel schneiden.
- Den Dill und die Petersilie waschen und fein hacken.
- Den Frischkäse mit der Milch glattrühren, die Zwiebel- und Gurkenwürfel unterrühren, die Kräuter und den Zitronensaft dazugeben, unterrühren und mit Salz und Pfeffer abschmecken. Die Nordseekrabben unterheben.
- Die Chicoreéeblätter großzügig mit der Creme befüllen. Die Tomatenwürfel darauf verteilen.

**VARIANTE:** Sie mögen keine Krabben? Dann servieren Sie die Chicoréeschiffchen ohne Krabben und mischen weitere Tomatenwürfel und ganz kleine Paprikawürfel unter die Creme. Oder Sie wählen als Creme 250 g Ziegenfrischkäse und rühren unter diesen einige in kleine Stücke geschnittene getrocknete Datteln und ein wenig Honig.

Zubereitungszeit: 25 Minuten

Im Glas

# Bunte Salatvariation im Glas

Gesund und knackig im Glas

**Für 6 Portionen à 200-ml-Gläser**

| |
|---|
| 1 rote Paprika |
| ½ Gurke |
| 3 Tomaten |
| Einige Salatblätter, z. B. Lollo Rosso |
| 100 g Mais |
| 6 EL Kräuteressig |
| Salz |
| frisch gemahlener Pfeffer |
| 1 Prise Zucker |
| 8 EL Olivenöl |
| einige Stängel Petersilie, Schnittlauch oder andere Kräuter nach Geschmack |

- Die Paprika waschen, entkernen und klein schneiden. Die Gurke waschen und in Stücke schneiden. Die Tomaten waschen, entkernen und das Fruchtfleisch würfeln. Die Salatblätter waschen und in mundgerechte Stücke schneiden. Den Mais abtropfen lassen.
- Abwechselnd portionsweise Paprika, Gurke, Tomate, Mais und Salatblätter in die Gläser schichten.
- Kräuteressig mit einer Prise Salz, Pfeffer und Zucker verrühren. Olivenöl dazugeben und unterrühren. Kräuter nach Geschmack klein schneiden und unterrühren. Das Dressing kurz vor dem Servieren auf die Salatportionen verteilen.

**VARIANTE:** Sie lieben Feta? Dann füllen Sie nach den Tomaten eine Schicht Feta in das Glas. Sie können den Salat auch mit einem Joghurt -Dressing oder einer Schicht Oliven, Radieschen, Champignons, anderen Blattsalaten oder als Fleischliebhaber mit Schinken variieren.

TIPP: Für alle Rezepte in diesem Kapitel gilt: Die Gerichte können auch in kleineren 100-ml-Gläsern serviert werden.

Zubereitungszeit: 15 Minuten

# Tortillasalat im Glas

Ideal am Vortag zuzubereiten

**Für 5 Portionen à 200-ml-Gläser**

- 200 g Rinder-Hackfleisch (Bio)
- etwas Pflanzenöl zum Braten
- Salz
- frisch gemahlener Pfeffer
- Paprikapulver edelsüß
- 100 ml Salsasauce
- ½ Eisbergsalat
- 1 rote Paprika
- 200 g Kidneybohnen
- 100 g Mais
- 10 Cocktailtomaten
- 1 Bund Frühlingszwiebeln
- 200 g Kräuter-Crème-fraîche
- 50 g Gouda
- 20 g gesalzene, glutenfreie Tortillachips

- Das Hackfleisch in etwas Öl in einer Pfanne anbraten. Mit Salz, Pfeffer und Paprikagewürz abschmecken, etwa 3 EL Salsasauce unterrühren, anschließend abkühlen lassen.
- Den Eisbergsalat waschen und in kleine Stücke zupfen. Die Paprika waschen, entkernen und in kleine Stücke schneiden. Die Bohnen und den Mais abtropfen lassen. Die Tomaten waschen, entkernen und in kleine Stücke schneiden. Die Frühlingszwiebeln waschen und in dünne Ringe schneiden.
- Alles schichtweise in Gläser füllen: Zuerst den Eisbergsalat, anschließend das Hackfleisch. Das Hackfleisch mit restlicher Salsasauce bedecken, dann die Paprika, die Bohnen, den Mais, die Tomaten und die Frühlingszwiebelringe darüber schichten. Abschließend mit Crème fraîche bedecken. Idealerweise über Nacht kühlstellen, damit alles gut durchzieht.
- Vor dem Servieren den Käse raspeln und darüber streuen, zum Schluss die Tortillachips grob zerbröseln und als letzte Schicht in die Gläser füllen.

- Zubereitungszeit: 25 Minuten
- Kühlzeit: am besten über Nacht

# Currywurst im Glas

Mit fruchtiger Currysauce

**Für ca. 25 Portionen**

| |
|---|
| 3 Zwiebeln |
| etwas Pflanzenöl zum Anbraten |
| Currypulver |
| 5 EL Tomatenmark |
| 1 l passierte Tomaten |
| Paprikapulver edelsüß |
| 1 Dose Pfirsiche |
| 150 ml Curryketchup |
| 2 EL Balsamicoessig |
| 12 Bratwürstchen |
| 25 Cocktailspieße |

- Die Zwiebeln schälen und in grobe Stücke schneiden. Anschließend in einem Topf in etwas Öl anbraten. Ca. 1 EL Curry und Tomatenmark dazugeben, sofort mit den passierten Tomaten ablöschen. Großzügig mit 1–2 EL Curry und Paprikapulver würzen.
- Die Pfirsiche grob in Stücke schneiden und dazugeben. Alles ca. 45 Minuten einkochen lassen.
- Mit einem Pürierstab alles fein pürieren. Curryketchup und Balsamicoessig dazugeben und verrühren. Je nach Geschmack kann noch durch eine weitere Zugabe von Curry, Curryketchup oder Balsamicoessig abgeschmeckt werden.
- Die Bratwürste in einer Pfanne in etwas Öl gar braten. Anschließend in Scheiben schneiden und portionsweise (3–5 Scheiben) auf Cocktailspieße stecken.
- Die Sauce portionsweise auf Gläschen verteilen, noch einmal etwas Currypulver darauf geben. Die Würstchenspieße darüberlegen. Sie können in die Sauce getunkt werden.

**VARIANTE:** Je nach Region wird Currywurst traditionellerweise mit unterschiedlichen Würstchen zubereitet. Natürlich kann statt Bratwurst auch Bockwurst in Wasser erwärmt und verwendet werden.

Zubereitungszeit: 20 Minuten

# Solero-Dessert

Schmeckt nach Sommer

**7 Portionen à 200-ml-Gläser**

| |
|---|
| 1 Dose Mandarinen |
| 500 g Vanille-Sahne-pudding (Kühlregal) |
| 400 g süße Sahne |
| 1 Packung Vanillesauce ohne Kochen |
| 250 ml Maracujasaft |

- Die Mandarinen abtropfen und portionsweise in die Gläser füllen. Den Vanillepudding auf die Mandarinen geben.
- Die Sahne sehr steif schlagen, anschließend als nächste Schicht auf dem Vanillepudding verteilen.
- Das Vanillesaucenpulver mit Maracujasaft anrühren, die Sauce als abschließende Schicht auf die Gläser aufteilen. Anschließend für einige Stunden in den Kühlschrank stellen, am besten über Nacht.

**VARIANTE:** Statt Mandarinen Pfirsiche aus der Dose oder frische Früchte verwenden.

TIPP: Das Dessert kann bereits gut am Vortag vorbereitet werden. Bei einem Buffet in kleineren Gläschen (z. B. Doubleshot-Gläsern) servieren, die angegebene Menge ergibt dann entsprechend mehr Portionen.

- Zubereitungszeit: 20 Minuten
- Kühlzeit: am besten über Nacht

# Himbeer-Quark-Dessert

Herrlich cremig

**Für 5 Portionen à 200-ml-Gläser**

| |
|---|
| 250 g Quark |
| 200 g Frischkäse |
| 50 g Zucker |
| 1 Packung Vanillezucker |
| 200 g süße Sahne |
| 150 g TK-Himbeeren |
| 50 g Mandelblättchen |

- Den Quark mit dem Frischkäse, dem Zucker und Vanillezucker verrühren. Die Sahne steif schlagen und unterheben.
- Abwechselnd eine Schicht der Creme, eine Schicht der gefrorenen Himbeeren und wieder eine Schicht der Creme in die Gläser geben. Für einige Stunden in den Kühlschrank stellen, am besten über Nacht.
- Vor dem Servieren mit Mandelblättchen garnieren.

**VARIANTE:** Die Mandelblättchen in Butter in einer Pfanne anrösten, 1 EL Zucker zum Karamellisieren dazugeben. Oder als letzte Schicht frische Himbeeren verwenden und diese kreisförmig anordnen.

- Zubereitungszeit: 15 Minuten
- Kühlzeit: am besten über Nacht

# Regenbogensalat

## Schön farbenfroh

**Für 6 Portionen à 200-ml-Gläser**

| |
|---|
| 300 g Joghurt |
| 4 EL Puderzucker |
| 1 EL frisch gepresster Zitronensaft |
| 200 g süße Sahne |
| 150 g grüne Weintrauben |
| 150 g Brombeeren |
| 150 g Blaubeeren |
| 150 g Himbeeren |
| 150 g Mandarinen |
| wahlweise einige Minzblätter zum Garnieren |

- Den Joghurt mit Puderzucker und Zitronensaft verrühren. Die Sahne steif schlagen und unterheben.
- Weintrauben und Beeren waschen, die Weintrauben vierteln. Die Mandarinen schälen.
- Zuerst die Joghurtsahne auf die Gläser verteilen, anschließend nacheinander portionsweise mit Brombeeren, Blaubeeren, Weintrauben, Mandarinen und Himbeeren füllen.
- Wahlweise mit Minzblättern garnieren.

**VARIANTEN:** Ersetzen Sie gleichfarbige Obstsorten ganz nach Ihren Vorlieben: z. B. nehmen Sie Kiwi statt Weintrauben, Ananas oder Orange statt Mandarinen, Erdbeeren statt Himbeeren.
Sie mögen lieber beschwipstes Obst? Dann geben Sie statt der Joghurtsahne einen Schuss Amaretto über das Obst in die Gläser.

TIPP: Natürlich kann der Regenbogensalat auch in kleineren Gläsern serviert werden und ergibt dann entsprechend mehr Portionen.

Zubereitungszeit: 20 Minuten

# Süße Häppchen

**TIPP:** Wird der Kuchen gegen Ende der Backzeit braun, Alufolie darüberlegen. Der Kuchen kann gut am Vortag gebacken werden, wenn er gut durchgezogen ist, schmeckt er am besten.

# Käsekuchen-Häppchen

New York Cheesecake im Kleinformat

**Für ca. 60 Stück**

| |
|---|
| 8 Eier |
| 800 g Frischkäse |
| 400 g Mascarpone |
| 300 g Zucker |
| 2 Packungen Vanillezucker |
| 30 g glutenfreie Speisestärke (z. B. Maisstärke) |
| frisch gepresster Saft von 1 Zitrone |
| 300 g Aprikosenmarmelade |
| 2 Schälchen Blaubeeren |
| 2 Schälchen Himbeeren |
| 60 Cocktailspieße |

- Den Backofen auf 180 °C Umluft (200 °C Ober-/Unterhitze) vorheizen.
- Die Eier verrühren. Anschließend nacheinander Frischkäse, Mascarpone, Zucker, Vanillezucker, Speisestärke und den Zitronensaft dazugeben und verrühren.
- Den Teig auf ein mit Backpapier ausgelegtes Backblech geben und ca. 45 Minuten in den vorheizten Backofen geben. Anschließend auskühlen lassen.
- Die Aprikosenmarmelade in einem Topf erwärmen, auf den Kuchen geben und erkalten lassen. Den Käsekuchen in quadratische, mundgerechte Häppchen (ca. 4 × 4 cm) schneiden.
- Blaubeeren und Himbeeren waschen. Jeweils eine Blaubeere und eine Himbeere auf einen Cocktailspieß stecken, anschließend auf einem Käsekuchenstück feststecken.

**VARIANTE:** Einige Käsekuchenstücke mit halbierten Erdbeeren belegen oder (zusätzlich oder auch statt der Früchte) mit Schokoladendekor verzieren, zum Beispiel Schokoladenherzen, Schokoladensternen oder Schokoladen-Zebraröllchen.

- Zubereitungszeit: 20 Minuten
- Backzeit: 45 Minuten

# Mandarinenmuffins

Schön locker und fruchtig

**Für 10 Stück**

- 4 Eier
- 50 ml Pflanzenöl
- 50 g gemahlene Mandeln
- Salz
- 1 Packung Vanillezucker
- 1 TL Backpulver
- 50 g Mandarinen (aus der Dose)

- Den Backofen auf 180 °C Umluft (200 °C Ober-/Unterhitze) vorheizen. Die Eier und das Öl miteinander verrühren. Anschließend Mandeln, Salz, Vanillezucker und Backpulver unterrühren.
- Die Mandarinen abtropfen, klein schneiden und vorsichtig unterheben.
- Den Teig auf Muffinförmchen (Silikonförmchen oder ein gut eingefettetes Muffinblech) verteilen und ca. 15 Minuten im vorgeheizten Ofen backen.

- Zubereitungszeit: 10 Minuten
- Backzeit: 15 Minuten

# Schokohäppchen im Schwarzwälder-Kirsch-Look

## Auch im kleinen Format ein Gaumenschmaus

**Für 30 Stück**

- 5 Eier
- 120 g Zucker
- 180 ml Pflanzenöl
- 1 Packung Backpulver
- 3 Packungen glutenfreies Schokoladenpuddingpulver (zum Kochen)
- 1 Packung glutenfreies Vanillepuddingpulver (zum Kochen)
- 200 g süße Sahne
- 2 Gläser Kirschen
- einige EL Schokoraspel zum Bestreuen

- Den Backofen auf 180 °C Umluft (200 °C Ober-/Unterhitze) vorheizen. Eier, Zucker und Öl miteinander verrühren. Backpulver, Schokoladen- und Vanillepuddingpulver dazu rühren. Den Teig auf einem mit Backpapier ausgelegtem Backblech verstreichen und 20 Minuten im vorgeheizten Ofen backen.
- Aus dem Boden mit einem runden Plätzchenausstecher (Ø ca. 3-4 cm) 30 Kreise ausstechen.
- Die Sahne steif schlagen, mit einer Spritztülle portionsweise auf die Schokokreise geben.
- Die Kirschen gut abtropfen lassen, jeweils auf die Sahnehauben setzen. Mit Schokorapseln bestreut servieren.

**BONUSKNALLER BEI DIESEM REZEPT:** Fruchtig-schokoladige Kuchenpops am Stiel! Boden, der nach dem Ausstechen übrigbleibt, mit den Händen zerbröseln, großzügig mit Himbeermarmelade mischen und daraus Kugeln formen. Diese in bunten Zuckerstreuseln wenden, auf Cocktailspieße stecken und als zusätzliche Leckerei genießen.

- Zubereitungszeit: 25 Minuten
- Backzeit: 20 Minuten

# Mini-Kekssandwiches

## So niedlich wie lecker

**Für 25 Portionen**

| |
|---|
| 10 g Himbeeren |
| 100 g Frischkäse |
| 10 g Puderzucker |
| 50 glutenfreie Mini-Butterkekse (ca. 70 g) |

- Die Himbeeren waschen und trockentupfen. Den Frischkäse mit Puderzucker verrühren, anschließend die Himbeeren dazugeben und unterrühren. Die Masse portionsweise auf die Hälfte der Kekse streichen, die andere Hälfte als Deckel auf die Creme setzen.
- Die Kekse ca. 1 Stunde kühlstellen, damit die Masse fester werden kann (aber nicht über Nacht, dann werden die Kekse weich).

**VARIANTE:** 100 g Frischkäse mit 20 g Vanille-Sahnepudding und 2 EL Puderzucker verrühren und als Creme auf die Kekse streichen.

- Zubereitungszeit: 10 Minuten
- Kühlzeit: 60 Minuten

# Mini-Brownies

## Sündhaft schokoladig

**Für 40 Portionen**

- 200 g Zartbitterkuvertüre
- 200 g Butter
- 4 Eier
- 100 g Puderzucker
- 1 Packung Vanillezucker
- 100 g Zartbitterstreusel
- 1 Packung glutenfreies Schokoladenpuddingpulver (zum Kochen)
- 2 TL Backpulver
- 20 Himbeeren
- 20 Blaubeeren
- 40 Cocktailspieße

- Den Backofen auf 180 °C Umluft (200 °C Ober-/Unterhitze) vorheizen.
- Die Kuvertüre in Stücke brechen und zusammen mit der Butter in einem Topf schmelzen. Die Masse etwas abkühlen lassen.
- Eier, Puderzucker und Vanillezucker verrühren, dann die geschmolzene Schoko-Butter-Masse unterrühren. Anschließend die Schokostreusel, das Puddingpulver und das Backpulver unterrühren.
- Den Teig in einer mit Backpapier ausgelegten Backform (35 cm x 25 cm) verstreichen und etwa 25 Minuten im vorgeheizten Ofen backen.
- Die Brownies abkühlen lassen, in mundgerechte kleine Quadrate schneiden.
- Himbeeren und Blaubeeren waschen, jeweils eine Frucht mit einem Cocktailspieß auf die Brownies stecken.

**VARIANTE:** Legen Sie zusätzlich noch weiße Schokoladenherzchen oder Ähnliches zur Dekoration auf einige Brownies.

- Zubereitungszeit: 20 Minuten
- Backzeit: 25 Minuten

# Marshmallows am Stiel

Fix gezaubert

**Für ca. 40 Stück**

- 200 g Marshmallows
- 60 g Krokant
- 60 g bunte Zuckerstreusel
- 50 g weiße Schokoladen-kuvertüre
- 50 g Zartbitterkuvertüre
- 40 Cocktailspieße

- Die Marshmallows auf Cocktailspieße stecken.
- Den Krokant und die Zuckerstreusel in separaten Schüsseln bereitstellen.
- Die weiße und die dunkle Schokoladenkuvertüre jeweils in einem heißen Wasserbad zum Schmelzen bringen.
- Den Boden der Marshmallows wahlweise in die weiße oder braune Schokoladenkuvertüre tunken, anschließend in die Krokant- oder Zuckerstreusel drücken.

**VARIANTE:** Jeweils noch ein Stück Obst aufspießen.

**TIPP:** Die Cocktailspieße wie einen Blumenstrauß in Gläsern anrichten. Damit die Spieße gut stehen bleiben, können die Gläser mit Zucker befüllt werden.

Zubereitungszeit: 15 Minuten

# Mandel-Frischkäse-Kekse

Ruck-Zuck-Rezept, perfekt zum Kaffee oder Tee

**Für 50 Stück**

| |
|---|
| 200 g Frischkäse |
| 50 g Butter |
| 80 g Zucker |
| 2 Päckchen Vanillezucker |
| 1 Ei |
| 200 g gemahlene Mandeln |
| 50 g glutenfreie Speisestärke (z. B. Maisstärke) |
| 1 TL Backpulver |

- Den Backofen auf 180 °C Umluft (200 °C Ober-/Unterhitze) vorheizen. Den Frischkäse mit der Butter verrühren. Anschließend Zucker und Vanillezucker hinzufügen.
- Das Ei trennen, das Eiklar zur Frischkäsemasse geben und unterrühren. Dann die Mandeln, Speisestärke und Backpulver untermischen.
- Den Plätzchenteig löffelweise auf zwei mit Backpapier ausgelegte Backbleche portionieren und etwa 12 Minuten im vorgeheizten Ofen backen.

**VARIANTE:** Die Plätzchen mit Puderzucker bestäuben oder etwas Kuvertüre schmelzen und mit einem Löffel Schokofäden über die Plätzchen ziehen.

- Zubereitungszeit: 10 Minuten
- Backzeit: 12 Minuten

# Service

# Über die Autorin

**ANJA DONNERMEYER** widmet sich seit der Diagnose Glutenunverträglichkeit zweier Familienmitglieder der unkomplizierten glutenfreien Ernährung in ihrer Familienküche. Die Produktpalette aus glutenfreiem Mehl bereichert sie gerne durch mehlfreie Köstlichkeiten. Die Zutaten sind unkompliziert, oftmals von Natur aus glutenfrei und im Supermarkt erhältlich. Unter dem Motto „Genuss statt Verzicht" ist eine Sammlung an kreativem mehlfreiem Fingerfood entstanden. Es ist neben „Backen ohne Mehl – Kaffeeklatsch glutenfrei" und „Herzhaft backen ohne Mehl – Pizza, Quiche und Co. glutenfrei" der dritte Teil in der „Backen ohne Mehl"-Reihe im Verlag Eugen Ulmer. Weitere glutenfreie Rezepte teilt sie neuerdings auch gerne auf Instagram (anjadonnermeyer).

# Danksagung

Ein riesengroßer Dank an meine Lieben, die ihr mich so wunderbar unterstützt! Danke an meine fleißigen Helfer, die jederzeit gewissenhaft und mit Begeisterung neue Kreationen probieren und entscheiden, ob sie in unsere Familienküche aufgenommen werden.
Ich danke meiner Familie und lieben Freunden, die sich mit rührender Selbstverständlichkeit mit der glutenfreien Ernährung auseinandergesetzt haben und immer glutenfreie Köstlichkeiten parat haben. Mir geht immer wieder das Herz auf, wenn ich sehe, wie verantwortungsbewusst ihr damit umgeht.
Danke an den Verlag Eugen Ulmer – die freundliche und professionelle Zusammenarbeit ist immer wieder ein Geschenk! Ihr seid toll! Und die Fotos von Heike Schmidt-Röger begeistern jedes Mal!
Ebenfalls danke auch den vielen Menschen, die sich engagieren und unterstützen, dass der Begriff „glutenfrei" bekannter und das glutenfreie Angebot größer wird. Dabei wird mir immer wieder bewusst: Wir sind nicht alleine, wir sind viele! Wenn wir alle ein Stückchen dazu beitragen, wird es immer vielfältiger und bunter. Welch große Freude es jedes Mal bereitet, wenn unerwartet ein glutenfreies Angebot entdeckt wird. Sei es bei der Kuchenspende beim Sportfest, dem Crêpes auf dem Weihnachtsmarkt oder wenn ein Gastronom plötzlich das glutenfreie Angebot erweitert. Euch allen DANKE!

# Zum Weiterlesen

Beile, Mirjam: Glutenfreie Brote aus dem Brotbackautomaten. Mit süßen Broten und Kuchen. Verlag Eugen Ulmer, 2017

Donnermeyer, Anja: Backen ohne Mehl. Kaffeeklatsch glutenfrei. Torten, Kuchen, Kekse, Cake Pops, Muffins und Co. Verlag Eugen Ulmer, 2. Auflage 2020

Donnermeyer, Anja: Herzhaft backen ohne Mehl. Pizza, Quiche und Co. glutenfrei. Verlag Eugen Ulmer, 2018

Donnermeyer, Anja: Glutenfrei kochen und backen für die ganze Familie. TRIAS Verlag, 2022.

Fazis, Birgit: Fingerfood – bayerisch gut. Tapas von dahoam. Verlag Eugen Ulmer, 2018

Pöt Stoldt, Martin: Glutenfrei Brot und Kuchen backen - endlich verständlich. Grundlagen, Techniken und Rezepte. Verlag Eugen Ulmer, 2018

Schaldach, Nileen Marie: Fingerfood – schwäbisch gut. Tapas aus dem Ländle. Verlag Eugen Ulmer, 2. Auflage 2021

# Klicks im www

Instagram-Seite der Autorin mit vielen weiteren glutenfreien Rezepten:
@anjadonnermeyer
www.instagram.com/anjadonnermeyer/

Homepage der Deutschen Zöliakie Gesellschaft (DZG) :
www.dzg-online.de

# Rezepte schnell finden

## IMPRESSUM

**BILDNACHWEIS:** Alle Fotos stammen von Heike Schmidt-Röger.
Das Porträtfoto der Autorin: privat. Schmuckzeichnung: Iryn/Shutterstock.com

Anmerkung zur Schreibweise (Gendering) der weiblichen, männlichen und unbestimmten Form: Ausschließlich aufgrund der deutlich besseren Lesbarkeit wird in diesem Werk auf die jeweilige Mehrfachnennung oder Anpassung der Schreibweise bestimmter Bezeichnungen verzichtet.

Die in diesem Buch enthaltenen Empfehlungen und Angaben sind von der Autorin mit größter Sorgfalt zusammengestellt und geprüft worden. Eine Garantie für die Richtigkeit der Angaben kann aber nicht gegeben werden. Autorin und Verlag übernehmen keine Haftung für Schäden und Unfälle. Bitte setzen Sie bei der Anwendung der in diesem Buch enthaltenen Empfehlungen Ihr persönliches Urteilsvermögen ein.

Der Verlag Eugen Ulmer ist nicht verantwortlich für die Inhalte der im Buch genannten Websites.

**BIBLIOGRAFISCHE INFORMATION DER DEUTSCHEN NATIONALBIBLIOTHEK**
Die Deutsche Nationalbibliothek verzeichnet diese Publikation in der Deutschen Nationalbibliografie; detaillierte bibliografische Daten sind im Internet über http://dnb.d-nb.de abrufbar.


Wollgrasweg 41, 70599 Stuttgart (Hohenheim)
E-Mail: info@ulmer.de
Internet: www.ulmer.de
Projektleitung: Lisa Seibel, Jennifer Zajonz
Lektorat: Claudia Boss-Teichmann
Herstellung: Isabell Scherrieble
Umschlaggestaltung: siegel konzeption | gestaltung, Stuttgart
Layout und Satz: Susanne Junker, red.sign, Stuttgart
Reproduktion: time:ray, Jettingen
Druck und Bindung: Firmengruppe Appl, aprinta Druck, Wemding
Printed in Germany

**ISBN 978-3-8186-1374-7**